Verrückt nach dir

2. Auflage 2003

Design: Greenstuff, Iris & Jochen Grün, München
Redaktion: Isabelle Fuchs
Textlektorat: Bettina Gratzki, München
ISBN 3-7607-1940-6

www.arsedition.de

Verrückt nach dir

Gedichte und Photographien

von Hans Kruppa

arsEdition

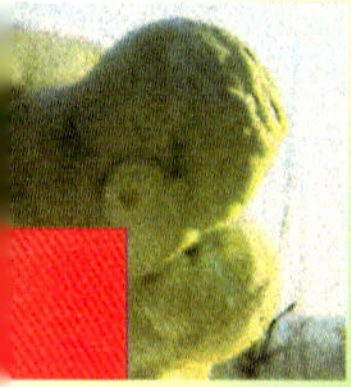

Verrückt nach

Du hast mich
berührt und bewegt.
Gestern stand ich dort,
heute stehe ich hier,
verrückt von
dort nach hier –

verrückt von dir,
verrückt nach dir.

dir

Nicht von die

Ich weiß,
wir werden
ein Wunder erleben,
wenn unsre Seelen
sich umarmen,
sich ineinander verlieren
und dabei finden –

und uns mit
einem Glück beschenken,
das nicht von dieser Welt ist –

aber von unserer.

er Welt

Schnell genug

Aller Anfang ist schwer.
Bei uns war er leicht.

Unser Vertrauen zueinander
wuchs uns schnell über den Kopf,
bevor wir ihn einschalten konnten –

bevor er sich einschalten konnte
in etwas, das viel zu schön war,
als daß er es hätte verstehen können.

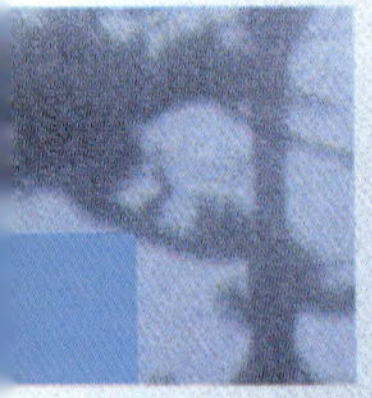

Seit du mich

berührt hast

Seit du mich
mit deinen zarten Worten
und feinen Händen berührt hast,
spüre ich eine Leichtigkeit in mir,
die mich der Schwerkraft
des Alltäglichen enthebt
und schweben läßt –
über dem Wald,
den ich vor lauter Bäumen
nicht mehr sah.

Wo immer du auch sein magst –
ich fühle mich dir nah.

Was wir uns

Deine Worte sind mir so vertraut,
deine Stimme ist mir so nah,
und alles, was du sagst,
spricht mir aus der Seele.

Und wenn du schweigst,
verstehe ich so gut,
was Worte nicht
zu sagen vermögen.

Was wir uns geben können,
dürfen wir uns
nicht nehmen lassen.

geben können

Grenzenlos

Nichts kann mich mehr
von dir fernhalten,
seit wir uns
so nah gekommen sind,
daß ich deine Gedanken las
und du meine Gefühle spürtest,
als habe die Grenze
zwischen unseren Seelen
ihren Sinn verloren –

sofern sie ihn je hatte.

Zeitloses Glück

Du hast
den Schleier aufgelöst,
der viel zu lange
meine Sicht behinderte.

Nun sehe ich die Farben
deiner Seele tanzen
im Rausch des Augenblicks,
der keine Zeit kennt
im Bann unseres Glücks.

Die Sonne de

Du hast mich erweckt
aus tiefem seelischem Schlaf
mit dem Kuß deiner Sehnsucht.

Überrascht blinzele ich
in die Sonne deines Lächelns
und beginne ganz behutsam
mein Glück zu fassen.

es Lächelns

Wie lange habe ich
von dir geträumt –

plötzlich ist
unsere Umarmung
Wirklichkeit.

Etwas geschieht

Das Schwierige wird leichter,
wenn ich an dich denke.

Etwas geschieht mit mir,
wenn meine Gedanken dich finden,
etwas erfüllt mich mit Freude,
als würdest du mir
auf magische Weise schenken,
was ich brauche, was mir fehlt –

dich.

Der arme Zweifel

So viel Freude
kann kein Traum sein,
so viel Harmonie
keine Illusion.

Sie ist wahr,
sie ist so wirklich,
daß der Zweifel
erst gar nicht versucht,
sich einzumischen,
weil er es haßt,
nicht ernst genommen zu werden.

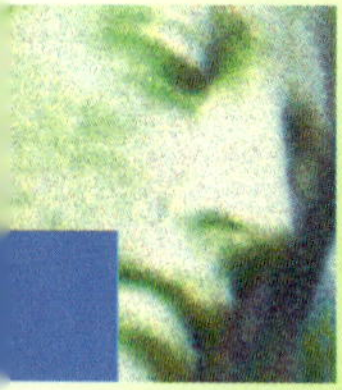

Beflügelt

Wie du mich beflügelst,
noch Tage nach
unserem letzten Gespräch!

Die Sonne scheint wieder
in mein Herz,
der Regen perlt ab
von meiner Seele.

Mein Schritt ist leicht,
mein Blick reicht weit.
Die Spuren der Vergangenheit
fallen von mir ab wie welke Blätter,
und Hoffnungsknospen wachsen
an meinem Lebensbaum.

Diesen wunderbaren Frühling
hast du mir gebracht –
nach einem Winter,
der mich das Warten lehrte.

Dein Geschenk

Ich hatte
meinen Glauben verloren,
einen Menschen
wie dich zu finden,
der zu mir spricht
mit meinen Worten
und meine ungestellten Fragen
sprachlos beantwortet.

Du hast
meinen Glauben gefunden
und ihn mir wiedergegeben.

Ich weiß nicht,
wie ich dir danken kann,
aber ich weiß,
ich kann es.

Wenn der Moment

Du inspirierst mich,
legst mir die Tanzlust
in alle Glieder,
läßt meine Gefühle fliegen
in neue Höhen des Erlebens,
schenkst mir ein Lächeln,
das sich nicht stehlen läßt.

gekommen ist

Du bringst mir Lieder,
die ich für dich singen werde,
wenn der Moment gekommen ist –
wenn deine Seele meine küßt.

Undenkbar

Wenn du sagst,
was ich denke,
und ich denke,
was du sagst,

denke ich,
daß wir nur
zu schweigen brauchen,
um uns zu sagen,
was undenkbar ist.

Diese blühende

Freude

Wenn ich
deine Stimme höre,
und sei es nur am Telefon,
blüht eine Freude
in mir auf,
deren Wurzeln tief
in meine Seele reichen.

Ich glaubte schon,
sie verloren zu haben,
diese blühende Freude,
die ich wiederfand,
als wir uns fanden.

Träume von dir

Mein Herz lächelt,
weil es an dich denkt
und deine Nähe spürt
in der Dunkelheit des Raums,
in dem ich nur körperlich allein bin,
denn deine Seele berührt meine –

wie die ersten Sonnenstrahlen
nach einer kalten Nacht,
in der mir nur die Träume
von dir Wärme gaben.

Ich sehe dich

Ich weiß nicht,
wo du gerade bist
und was du gerade tust
und ob du an mich denkst –

aber ich sehe dich,
wenn ich die Augen schließe,
ich spüre dich,
wenn ich nach innen schaue –

ich rieche den Duft deiner Blumen,
die im Garten meiner Seele wachsen,
lege mich ins Gras und küsse ihre Blüten.

Ein strahlendes

Uns verbindet ein Geheimnis,
tief wie das Meer,
hoch wie der Himmel,
weit wie der Horizont,
heiter wie Sonnenlicht
auf glitzerndem Schnee –

Geheimnis

ein strahlendes Geheimnis,
das sich allein der Liebe offenbart,
die uns dazu bestimmt hat,
es zu ergründen, zu erleben
in seiner ganzen Unermeßlichkeit.

Ich wußte es

Ich wußte schon immer,
daß ich dich nicht suchen,
sondern finden würde,
daß ich dich nicht prüfen,
sondern dir vertrauen würde,
daß ich dich nicht idealisieren,
sondern erkennen würde,
daß ich dich nicht deuten,
sondern verstehen würde.

Ich wußte schon immer,
daß ich mich nicht in dich verlieben,
sondern dich gleich lieben würde.

Unbegreiflich

Du bist mir unheimlich
viel wert.
Du bist wahnsinnig
gut für mich.
Du bist unglaublich
glaubwürdig.
Du bist unberechenbar
liebevoll.
Du bist unverschämt
zärtlich.
Du bist mir unbegreiflich
nah.

Fast sprachlos

Deine so schönen Worte
haben mich tief berührt,
weil ich mich selbst
in dir wiederfinde,
auf eine Weise,
die mich vor Freude
fast sprachlos macht.

Ich sehe in den
Spiegel deiner Worte –
und erkenne
mein wahres Gesicht.

So ganz kann ich
es noch nicht fassen,
wie sehr wir einander
aus der Seele sprechen.

Bis die Liebe

Ich möchte der
Grund deines Lächelns sein,
des Funkelns in deinem Blick,
der Freude in deinem Herzen.

uns umarmt

Ich möchte dich
in den Arm nehmen
und so lange halten,
bis die Liebe uns umarmt,
als wolle sie uns
nicht mehr gehen lassen.

Hans Kruppa wurde 1952 in Marl geboren, er lebt als freier Schriftsteller in Bremen. Seine Gedichte, Märchen und Erzählungen wurden in mehr als einer Million Büchern verbreitet. Hans Kruppa gehört zu den wenigen Autoren, dessen Gedichtbände Bestsellerauflagen erreichen.

Weitere Titel von Hans Kruppa bei arsEdition:

Mehr Informationen unter www.hanskruppa.de